En la noche yerma

Primera edición: enero, 2019

© Antonio Tello, 2019

© Vaso Roto Ediciones, 2019
ESPAÑA
C/ Alcalá 85, 7º izda.
28009 Madrid

vasoroto@vasoroto.com
www.vasoroto.com

Grabado de cubierta: Víctor Ramírez

ISBN: 978-84-949457-2-4
BIC: DCF

Antonio Tello
En la noche yerma

Vaso Roto / Ediciones

¿Cuáles son las raíces que prenden, qué ramas
brotan de este cascajo? Hijo de hombre,
tú no puedes decirlo, ni imaginarlo, pues sólo conoces
un cúmulo de imágenes donde reverbera el sol.
El árbol seco no cobija, el grillo canta monocorde,
la estéril piedra no mana agua. Sólo
hay sombra bajo esta roca roja.
(Ven a la sombra de esta roca roja),
voy a enseñarte algo diferente
de tu sombra que marcha a largos pasos contigo en la mañana,
o de tu sombra, irguiéndose al ocaso para ir a tu encuentro;
voy a enseñarte lo que es el miedo en un puñado de polvo.

T.S. ELIOT, *Tierra baldía*

…un caminar entre las espesuras
de los días futuros y el aciago
fulgor de la desdicha como un ave
petrificando el bosque con su canto
y las felicidades inminentes
entre las ramas que se desvanecen,
horas de luz que pican ya los pájaros,
presagios que se escapan de la mano…

OCTAVIO PAZ, *Piedra del sol*

sucederá que oleadas de mariposas negras
oscurecerán los cielos y vendrá la noche

Canto I

un día   muerto ya el poeta   olvidada su advertencia
la estrella   la cruz   el sable   atravesarán el día
y su inocencia   con la cruda autoridad de los
dioses siervos de labios cosidos labrarán la
piedra y levantarán con sus rostros las murallas
de la ciudad   ángeles armados rondarán sus calles
    mas   extramuros   perros libres ladrarán en la
oscuridad   ladridos rabiosos desgarrarán
en la noche el indolente sueño de los pastores
                el silencio de la majada

Canto II

relámpagos de ira herirán la noche
   y a orillas de autopistas abandonadas
las vagas sombras que las transiten verán
   en las cruces de las torres eléctricas
flamear las lenguas de los poetas
   mas cuando aquellos que sobrevivan dejen
de urdir los versos más tristes   de contemplar
las lejanas estrellas de la Osa
   de las cavernas del alma surgirá
la voz que empujará la lengua más allá
de la boca   haciéndole sentir las lindes
de su finitud   conocer esos campos
donde el lenguaje de las bestias devora
el nombre de las cosas   esa voz   esa
voz golpeará la lengua contra los muros
una y otra vez golpeará esa voz la lengua
contra los muros hasta que con el polvo
de las piedras y la sangre de la carne
el habla renazca y diga   diga   diga

Canto III

quizás hoy ha comenzado ese día futuro
y en el estéril paisaje del tiempo por venir
bebe el ganado de la corriente que pasa
ante el cristal de sus ojos   el aire simula
su tranco inerte sobre las sombras del agua
buitres   buitres   se abaten sobre la carne yerta
ángeles y gusanos se alimentan del misterio
        en campo abierto los deudos de la desdicha
abonan la tierra con los huesos de sus muertos

Canto IV

la turbamulta hiere con sus lanzas de fuego
los dorados campos de engaño que proveen
a la muela del señor   fábrica de harina de
otro costal   materia del pan que subyuga al
cordero que desvalido bala su esquila

Canto v

breves son para la flor los días de la muerte
inextinguibles para la voz los instantes del
horror   el latido de lo indecible en el
corazón eviscerado que en plato ritual
cenarán los guardianes de la impostura

Canto VI

si las olas en su batir y la lluvia en su
estallido no sienten dolor   tampoco en su
decir las palabras   vagas sombras que vagan por
el mundo mudas   hasta que la voz las encarna
cargando sus visiones de un sentido que en
su humanidad no puede traspasar el velo y
conocer la respuesta   oír la nota original
donde se hunden sus raíces y   en esa ocultación
del misterio   las palabras fraguan la falacia
de la divinidad   las escrituras no revelan
     ocultan al torpe animal del origen
                              vano
 intento el de morder la fruta   la savia láctea
de la higuera envenena la herida y provoca
el sueño que preludia la muerte   la belleza
de la corrupción que abre el apetito de los
hombres extiende su hambre antropófaga no no
 es posible odiar la guerra no no es posible
odiar la guerra   no es posible odiar la guerra
no es posible odiar la guerra no   el hombre que
pierde la voz aúlla gruñe caza
                         todo lo que
muere lo devora el animal sin palabras

Canto VII

la roja luz cubre de cenizas los bosques
y en el largo largo borde del horizonte
el ocaso incendia la manada y sus aullidos
aullidos de odio y deseo rayan la oscuridad
no hay cavernas para el amor   la cópula
se consiente a cielo abierto y a dentelladas
desgarran el útero las crías de la violencia
que prestas se arman con la lengua de la guerra
con esa lengua construyen el túmulo de los
decapitados   con sus pies desnudos los hombres
trituran las albas flores o   entre sus manos   al
cielo las alzan con el rojo soma de los dioses
calman así las convulsiones de la violencia
dicen   mas los perros no vuelven a la inocencia
ni a segar las cosechas los cazadores cazan
tras sus presas trotan hacia la llama en pos del
rayo que madura   trotan hasta el hígado que
cuelga del árbol del Edén

Canto VIII

                    sepulcros vivos
de los vates   los oscuros obispos   posados
sobre las blancas osamentas de sus víctimas
dormitan   tres velos protegen sus ojos abiertos
 ahítos esperan aliados a la molicie
sestean ociosos   confiados graznan   graznan
                                        igual
a ellos les ceñirá la tierra antes de que los
bosques renazcan   antes de que las sementeras
renazcan   la letanía de su especie graznan

Canto IX

el aullido del simio al mirar su reflejo
en el río   es vestigio del horror en la voz del
hombre entregado al imperioso aprendizaje
de la muerte   a la fábrica caníbal del espanto
al holocausto narcisista del cazador

Canto x

el aullido de mañana acaso el de hoy   es la
voz bestializada que hiere la noche   aturde
las ciudades   transita los desiertos   lame el
óxido de los cementerios   la pez fósil que
evacua su vientre y arde en las altas torres
                                        signo
de la sierpe que robó al hombre la hierba del tiempo

            la voz carnívora se alimenta de todo lo
que muere con ella ninguna carne trasciende el
 mundo   la lengua de esta voz funda las hablas y
bandas de palabras abanderadas destierran
a los hombres de los campos que   inocentes   siembran

Canto XI

si el sauce y el agua no gozan de la caricia
y la alegría y el dolor no anidan en la piedra
cómo entonces

Canto XII

aunque la bronca voz de la bestia lo esclavice
de sol a sol y   a la intemperie el sol y el viento
quemen su frente y sus raíces   el desterrado
es libre   su corazón late   el náufrago vive

Canto XIII

la voluntad de ser redime al perseguido del
fracaso de la nación   de la fiera economía
que trastorna el día y abre los sueños a los ojos
de la muerte   ah
　　　　　el por siempre extranjero no
olvidará el nombre de su casa   no olvidará
el nombre de su casa   el desterrado su nombre
no olvidará y caminará   incansable
caminará hacia ella
　　　　　　por carreteras de
asfalto　　　arúspices indigentes saldrán a su
paso blandiendo sus lenguas de neón   hablando con
descaro la jerigonza corrompida de las
masas y   con sus cortos *tumis* de mala forja
　　buscarán el porvenir en sus entrañas
　　　　　　　　　las
viejas vestales le tentarán en las áreas de
servicio con el fuego de sus sexos sagrados
　　con el pico rapaz de sus pezones   besarán
sus labios regurgitando en ellos el agrio fruto
de la servidumbre   del letargo del que un día
lo despertará su corazón   el latido de
su corazón lo alertará y continuará el
viaje dejando tras de sí la estela de sus
recuerdos
　　　　　el desterrado no olvida su casa
no olvida el nombre de los suyos   de los que viven
　de los que sobrevivieron a las tareas de las
fieras   no olvida el nombre de los que   para
deshonra de la ciudad   fueron innominados

bajo tierra   bajo paladas de indiferencia
        la memoria de sus nombres irá con él cuando
penetre en las venas de la piedra y en la muda
oscuridad que horada la montaña   a sus oídos
le llegue el sentido del silencio envolviendo
los latidos de su corazón
                        toda pregunta
tiene su respuesta   los dioses como las fieras
carecen de música
                el proscrito sabrá entonces
que los dioses como las fieras carecen de voz
sabrá que los dioses son máscaras que ocultan
la huella animal en la conciencia del hombre
el instinto que lo extranjeriza de sí   de su
humanidad y lo condena a devorarse   a
beber la sangre en el cráneo de sus semejantes

Canto XIV

cómo conjurar la violencia del *owth* original
y salvar el alma del apetito del miedo
sin antes domar el animal de la desdicha
mirarle a los ojos al rostro sin carne que nos
asusta desde el espejo infundiéndonos la ira

Canto xv

la palabra que nace del buche de las sombras es
maná del esclavo que un día y otro sube y baja
con la piedra a cuestas baja y sube

bajo el hábito del látigo carga el siervo el
peso de la ley letra cotizada que el sacerdote
un día iza y otro arrea en el mástil del señor
tildando con su lengua la espalda del siervo

el ave que se abate sobre su reflejo para
elevarse con un pez en el pico deja en las
aguas los signos de esa economía que aplaza
en el mundo el desamparo de los parias hasta el
fin de los días a cuenta de ser en el reino de los
cielos donde ya ondean los viejos blasones

qué tiempos son estos en los que la crueldad de abril
campea por la tierra y las palomas picotean los
dientes de los viejos bandas de desahuciados
que en caravana emprenderán la travesía del
yermo y bajo estrellas que fueron o que serán
tarde comprenderán que la tierra prometida
jamás les será entregada y que sus nietos habrán
de tornar a ese lugar donde yacen los huesos
de los padres a disputar el pan a sus parientes
como ellos igualmente perros desdentados

así un amanecer la luz desnudará el sentido
de las sombras los canes perderán la inocencia

los desheredados que ladren su lengua odiarán
sí odiarán la paz   odiarán la paz odiarán la paz

el odio heredado de los muertos será su causa
con el odio de los muertos asolarán las ciudades
los amos serán desvividos   degollados en las
calles   arrancados con las encías sus corazones
violadas sus mujeres y de las higueras
colgadas sus proles hasta que caigan y estallen
como brevas maduras
                              los hijos del hambre se
lanzarán sobre las voces corrompidas   sordos
a los ayes devorarán la carne hasta el
último suspiro dejando dejando tras de sí
bocas abiertas regurgitando queresas que
servirán de alimento a los pájaros   a los
insectos y a los esclavos del porvenir

Canto XVI

hasta que se extinga el último latido del verbo
nadie escapará a la bronca lengua de los bárbaros

a diestra y siniestra del trono correrá la sangre
  la sangre de los cimarrones teñirá el cauce
de los cuatro ríos   las densas aguas del diluvio
disolverán el híbrido hálito de los ángeles
y cerrarán los párpados de sus alas hasta que
el silencio apacigüe la furia de las bestias

mas nadie se preguntará   no   nadie lo hará
qué palabra atragantada en el aliento final
del hombre habrán de digerir los gusanos   qué sabor
les dejará su sonido para que entren y salgan
en tropel de los oídos asordados de los muertos

        cuarenta noches durará el sueño yermo en que
las almas despreciarán y olvidarán la carne

oscuro sueño este que anuncia el futuro   soñar
                                               oh
soñar es mirar el día con los ojos de la muerte
asistir a las visiones que nutre el delirio

Canto XVII

el desterrado   que asombrado verá su sombra
en el aire   se detendrá a las puertas de ese lugar
que no quiere abandonar y una vez más mirará
la casa que deja tras él   mirará la casa que
mengua tras él   mirará una vez más la ciudad
que se aleja encaminada al albedrío de los
pasos que   emancipados de su voluntad   lo
llevan por esa carretera de esqueletos
vegetales transitada a capricho del viento

el extranjero querrá recordar mas sólo
imaginará lo que fue su hogar   la voz de su
mujer   las risas de sus hijos   los ladridos del
perro   las flores de la madre   las herramientas
del padre   nada de esto dejo atrás   se dirá
no nada de esto dejo atrás se repetirá
        cerrará los ojos   dirigirá su voz a lo
alto y preguntará   preguntará y como un
eco de las entrañas de la tierra   oirá en su carne
el adiós de las raíces   el rumor de los libros
  leídos   oirá oirá el aleteo de miríadas
de mariposas que migran de un continente
a otro   llevando en sus alas los signos de una
escritura traslúcida que   al cabo de los días
y de las noches   deja   como él dejará entonces
        una vibración en el aire de las ruinas

Canto XVIII

cuando torne al hogar y sus padres hayan muerto
su mujer y sus hijos ya no lo esperen en
la casa   sus tierras estén incultas y su can
lo salude moviendo la cola en silencio
el exiliado sabrá que   tampoco él escapará
al sino de los dioses y habrá de alzar la
quijada del asno contra los cazadores que
cortaron la lengua a los perros e hicieron
de sus sembrados cotos privados de batalla

Canto XIX

cuarenta estaciones durará la noche yerma
cuarenta estaciones durará su invierno larga
caerá la lluvia   lenta la nieve que agrisará la
tundra abierta donde yacen los innominados
manadas de perros albinos la cruzarán y a
su paso crujirán el barro y los huesos helados
de los almendros que el hombre que resiste al frío
de la muerte vio alguna vez florecidos

                                    preso
en el horizonte de aullidos que cercará
la llanura   el hombre dirá   los muertos no sueñan
dirá   y comerá su carne roerá y apilará
sus huesos y   prendiendo la pira con el resto
de su odio se calentará   el hombre bailará
alrededor del fuego bailará alrededor
del fuego bailará   bailará y aullará   aullará
y al fragor de las llamas sentirá crepitar
las larvas de la violencia que arderán y se
extinguirán como un enjambre de avispas
en el círculo ígneo de las ascuas
                            el hombre
que ha resistido la seducción de la muerte
que ha resistido a la corrupción de la razón
esparcirá la sal sobre la tierra inculta
ese hombre devolverá la sazón a la tierra
que   oscura   se entregará a la naturaleza
de su feracidad   mientras ese hombre   pobre
vomitará las visiones del porvenir sobre

las cenizas   tornará sus ojos al alba de
la que una vez fue desterrado y asistirá a la
lluvia menstrual de las vírgenes a la floración
de los almendros allegando la primavera

Canto xx

desde altas torres de cristal   los deslenguados
aullarán canciones al pueblo   y a la luna
de ellos serán la voz   el tono   la música   el
rugido de la noche   el zumbo de las flechas que
erizarán la piel de   los campos y atravesarán
el corazón del alba con la venia de sus amos

de ellos nacerán las baladas y   los himnos
que narrarán y exaltarán las gestas de los
señores y sus naciones   las baladas y los
himnos que el vulgo cantará al paso de los
ejércitos victoriosos agitando las lenguas
de prostitutas, perros y poetas mutilados
al paso de los soldados   que portarán en sus
lanzas las cabezas ensartadas de los perros
vencidos
                    flamearán las lengüitas francas en las
manos de los niños   cuyas glotis descordadas
emitirán el saludo amorfo de los siervos
vivando   oh sí a la patria   la virgen necia
por quien los sometidos saldrán en procesión
a defender hasta la muerte a sus amos a
cambio del pan diario que adeudan desde que los
padres agotaron el sudor sin ganárselo

mas   aunque los deslenguados   escriban desde sus
altas torres himnos y baladas que narrarán
las victorias de los señores y sus naciones
y le canten al amor   al amor de sus señores

en los campos el pasto aullará al viento con
el aullido de los perros de la guerra que sin
preguntas caerán   unos tras otros morirán por
las victorias de los señores y sus naciones

en los campos las siringas sonarán al paso
del viento y el viento lejos llevará el gemido
 de las hembras que   con sus vulvas al norte
serán penetradas y preñadas por las siete
vergas del viento y cada una de ellas siete perros
parirá   siete perros bravos que blandiendo las
siete vergas del viento azotarán las tierras
los bosques y las aguas y las aguas se alzarán
     romperán los diques y los peces que invadan las
ciudades nadarán sin entender el sentido
de los signos que flotan con sus ojos abiertos
sobre las ruinas de la gramática hundida de
las ciudades y sus brillantes torres de coral

pobres los mutilados que compongan himnos y
baladas para los señores y sus naciones
porque de ellos caerán sus nombres y pedrerías
          pobres los poetas sin señor y sin nación que no
escriban himnos y baladas de los días por venir
porque sobre ellos caerá el peso de la impunidad
ay de aquellos que con sus lenguas en la mano
no golpeen los muros y rescaten de las piedras
las voces de las sombras   las risas de los vivos

Canto xxi

la mirada flota y se adentra en esa parda
y vasta extensión abrumada por el aullido
de la tierra que no entiende la lengua de la
semilla   ese gemido estéril que triza la frágil
unidad del mundo y vela los signos de la belleza
        seres y cosas son materia opaca que el
tiempo erosiona con el insistente paso de
los días   el ritual del olvido que faculta el
crimen
        quemados los bosques   domesticadas las
fieras   extinguidos los dragones   los perros sin
alma se vigilan unos a otros mostrando sus
colmillos romos   vagan por los campos desnudos
        perdidas las sombras que la luz reconoce   los
perros husmean entre osarios mecánicos donde
los ladrones alzan altares a sus vírgenes
    hinchables

                ah dame tu hálito amada mía
antes de que la visión y lo que callo me ahoguen
        vuelvo los ojos a ti y en tus ojos veo   veo pasar
    los perros   los perros que han entregado sus sombras
enseñan sus colmillos a la luz de la luna
trotan vigilándose unos a otros por el
rabillo de sus ojos zarcos   luciérnagas del
miedo   el paisaje es mirada inerte   baldía
la tierra espectros al acecho las siluetas de
los árboles detrás de la negra niebla donde
se extravían las huellas de los trenes que pasaron
sí siguen pasando cargados con ofrendas al

Desollador   sí   dejando una estela de ayes
preludio del tropel de almas que huirán que
huyeron por las chimeneas de los túmulos
industriales del señor de las bestias   y así fue
como sucedió como sucederá como está
sucediendo entre otros nosotros y es así que vuelvo
los ojos a ti y en tus ojos veo tu miedo y el mío
el miedo que habla con mi lengua de carne a desoídos de
los dioses furiosos de que tú les quitaras el
fruto del saber   furiosos de que el herrero les
robara el fuego y construyera la fragua de los
hombres   furiosos de que el errante les oyera su
música y en la espalda grabara las cuerdas del
sagrado instrumento que da vida al universo

Canto XXII

cuando la furia de los canes se extienda al
confín de los equinoccios y un aullido de luz
alcance tu vientre   no esperarás por mí   ni
te refugiarás en la manada   marcharás a
las cumbres y allí cantarás   cantarás con tu
corazón lo que tú y yo fuimos   lo que tú y yo
somos   lo que tú y yo seremos   lejos de aquí
cantarás hasta que la sangre libre tu cría
y su llanto alivie el bramido de los vientos

qué nombre   me preguntarás qué nombre le pondrás
     no lo nombrarás   quién tiene nombre en la oscuridad
será él quien encuentre su nombre   será él
quien se nombre   y cuando me haya ido colgarás
una rama de neón en la puerta de tu casa
y darás de comer a los perros   ellos vendrán
y te servirán   no me esperes   no me esperarás
vendrán ellos y te cubrirán el vientre seco
     pondrás una rama en la boca de la cueva y   de
tu sexo comerán los cínicos que en manada
vendrán
                    como una perra criarás al cachorro
como una perra lo amamantarás con tu leche
de hembra humana   con tu leche de hembra humana
le darás la música de tu corazón   él   él
ladrará   aullará como un perro   ladrará
mas no le darás   la comida de los canes y
será él quien parta en busca de su nombre
          los pasos del hombre seguirá e irá más allá
de las sierras   más allá del desierto   más allá

37

del océano   más allá de los bosques mudos del
sur hallará la fortaleza   la fortaleza
de su nombre dentro de cuyos muros prenderá
el fuego   oirá las voces   hablará con las sombras
y cada día   desde la oscuridad de su nombre
verá la caravana de almas que huyen del mundo
hostigada por los condenados a quedarse
verá a los ángeles volar sobre las columnas
del éxodo   los verá lanzarse sobre ellas y
elevarse con una presa en las garras   los
verá él danzar en los cielos   danzarán con el
alma agarrada danzarán y al atardecer
    con un graznido   batiendo alas   soltarán el
    alma   haciendo zumbar sus alas   en el aire
inmóvil los pájaros del cielo esperarán
a oír el alarido de la carne   en el aire
espeso esperarán a oír en las piedras la
música de los huesos   batiendo sus alas las
sepulturas vivas de las víctimas bajarán
a tierra y   entre chillidos de mala sombra   a
picotazos comerán el tiempo muerto de los
desterrados
              toda liturgia es representación
tramoya humana del poder de los dioses   mas
él   que ya sabrá el sentido del fuego   verá la
derrota del mundo   la deriva de un sino
corrompido que se niega para ser lo que no
será hasta que él   hombre hijo de hombre   dibuje
entre los muros de su fortaleza el mapa
moral de las estrellas   cuando traduzca todos
sus nombres a la lengua de los hombres salvados
de la confusión que alguien   lanzando al vacío
a los albañiles que construyeron las torres
del séptimo cielo   causó en nombre del señor

Canto XXIII

la tierra   la flor   los estambres de la muerte   aún

Canto XXIV

ah   sí   el horizonte   su distancia   los ojos que
llegan a él y van más allá   mis ojos   los ojos
con los que veo no están en mí   los ojos que ven y
no están en mí   y van más allá   no son de carne
la carne no puede alcanzar el horizonte   la
carne no puede ver lo que digo   el tiempo la
corrompe y sucumbe a la distancia   la voz
resiste   puede resistir   debe resistir el
recorrido de los ojos emancipados de
 la carne
                    aunque el tiempo la demore y llegue
tras los ojos al campo de las visiones   la voz
        esa voz que llega   es sustancia   advertencia
que torna viva a los oídos del hombre   la voz que
vuelve anuncia lo que los ojos sin carne han visto en
ese paisaje de sombras   nacidas del gesto
pervertido de los hombres que beben el soma
de los dioses en el cráneo de sus semejantes

la voz descarnada que vuelve   silabea el eco
de los huesos y enciende los fuegos fatuos
es la voz del hombre sin ojos y sin lengua   del
desterrado de su cráneo que sigue habitando
 en las conciencias náufragas de la oscuridad

Canto xxv

la tierra   la flor   los estambres de la muerte   aún

Canto XXVI

la mirada persiste en la duda y sin nada
a lo que asirse se precipita a la pregunta
son pasados o son futuros las visiones   los
brillos donde flotan   cristalizados   los ojos
de las sombras que no saben en qué lado de
lo que ven se encuentran
                     la incertidumbre congela
la mirada de los muertos que   bajo los campos
de lavanda   en vano esperan el adiós de los
deudos   qué tierras son éstas donde las flores
cubren las tumbas de los innominados   cómo
olerán estas flores cómo llamarán a ese
perfume que destilen con ellas   qué clase de
heridas curarán los bálsamos macerados
con sus pétalos   qué sabores tendrá su savia

ah la tierra   la flor   los estambres de la muerte
aún dando sentido a los huesos de los caídos en
las guerras floridas de los comedores de almas
       los sacerdotes que adoran al blanco cráneo que
brilla en el cielo con su pálida luz sin vida

Canto XXVII

ierra   la flor   los estam   de la muerte aún

la turbamulta invadirá las calles   arderán

Canto XXVIII

la tierra   la turbamulta   las catedrales   aún

caerán las catedrales   los templos vivos   los

invadirá las calles   arderán las ciudades

la bronca voz de la bestia lo esclavice

pregunte dónde está el mar   dónde está el mar

Canto XXIX

la turbamulta invadirá las calles arderán
las ciudades   caerán las catedrales y entre las
cruces alzadas deambularán los templos vivos
buscando a sus dioses entre los escombros
tarde sabrán que en el vientre de los ídolos
se gesta la violencia que nutre los estambres

Canto xxx

y llegado el día   el poeta subirá al monte que
lo vio crecer y desde la cima avistará el
abismo no el mar

                      dónde está el mar se preguntará
dónde está el mar   briznas de horas pasarán ante sus
ojos   breves eternidades diluyéndose
en el aire   ante sus ojos sucederán el
relámpago que fue   el trueno que será   dónde
está el mar   el mar   detrás de las nubes   de los
negros vientres eléctricos donde se gestan las
tormentas está el mar
                      dónde dónde está el mar

    el mar   acaso oculto tras las nubes   anegará
los cielos y furiosas borrascas se abatirán sobre
la tierra   sobre las aguas anteriores   y una
nieve gris cubrirá campos y ciudades con la
ceniza gris de los bosques   la gris ceniza de
los huesos inhumados

                    y tú   yo   vástagos de una
escritura fosilizada   desgarros de horas
perdiéndose ante sus ojos   pereceremos
ante sus ojos   y él esperará seguirá
esperando cuando ya viejo   ya viejo se
pregunte dónde está el mar

                   donde está el mar
que lo vio crecer   y desde la playa avistará el

horizonte   tras él intuirá los desiertos
las montañas   los ríos futuros   cómo decirlos
    los ríos   las montañas   los desiertos   donde   fuera
del día   y de la memoria   en el alba de la
    lengua   en el instante epifánico   vagarán
las sombras sin rostro antes de ser   qué liturgia
celebrar para no caer   cómo volver al mundo   ooh

los desterrados no beben del cáliz de hueso
de los cazadores se dice   se dirá   cuando
a orillas del mar que lo vio crecer sienta en sus pies
el rumor de los cuerpos el llamado del abismo
y en el ara más alta del antiguo zigurat
  oficiando el rito laico de la luz oiga ooooh
la semilla   la rota voz que rasga la noche
    y sacudido por la presencia de lo hondo
por el temblor de lo indecible   exclame ooh
con el vértigo de una letanía insistirá y
su oración ascenderá   flotará y caerá contra
el hondo silencio astillándose en fonemas de
voz que se perderán polinizando la noche
entonces oirá el gemido del esfuerzo humano
  la quilla de una voz que a golpe de lengua avanza
tajando las olas   oirá la voz   sombra de la
mirada descarnada entre vocales muertas   la
voz que el poeta esperará   esperará decir

oh exclamará   cuando desde la cumbre que lo
vio crecer   bajo la persistencia de la lluvia
futura   vea el agua del diluvio   espejo
líquido escurriéndose de los campos   y oiga
el latido de la tierra   la música de las
  cosas antes de la experiencia de la vida

cuando desde las sierras azules contemple su
nave atrapada entre los témpanos   cuando sienta
la fuerza muda de lo indecible fecundando el
vientre de la voz   el desgarro de la carne   el
grito   el sonido que nombra creando   abanderando
 parcelando de nuevo el mundo oh la exclamación
alumbrando el día   los extremos de la eternidad
 exclamará   sólo exclamará
                          oooooooooohhh   oooooooooohhh
oh   el alba   vocal y consonante en el origen
     en el principio del mundo   del decir humano

Índice

www.ingramcontent.com/pod-product-compliance
Lightning Source LLC
LaVergne TN
LVHW041205080426
835511LV00006B/739